47 Recetas De Comidas Para Solucionar La Fiebre Común:

Alimente Su Cuerpo Con Los Nutrientes Correctos Para Dejarlo Recuperarse De Fiebres Comunes Sin Recurrir A Pastillas y Medicinas

Por

Joe Correa CSN

DERECHOS DE AUTOR

© 2016 Live Stronger Faster Inc.

Todos los derechos reservados

La reproducción o traducción de cualquier parte de este trabajo, más allá de lo permitido por la sección 107 o 108 del Acta de Derechos de Autor de los Estados Unidos, sin permiso del dueño de los derechos es ilegal.

Esta publicación está diseñada para proveer información precisa y autoritaria respecto al tema en cuestión. Es vendido con el entendimiento de que ni el autor ni el editor están envueltos en brindar consejo médico. Si éste fuese necesario, consultar con un doctor. Este libro es considerado una guía y no debería ser utilizado en ninguna forma perjudicial para su salud. Consulte con un médico antes de iniciar este plan nutricional para asegurarse que sea correcto para usted.

RECONOCIMIENTOS

Este libro está dedicado a mis amigos y familiares que han tenido una leve o grave enfermedad, para que puedan encontrar una solución y hacer los cambios necesarios en su vida.

47 Recetas De Comidas Para Solucionar La Fiebre Común:

Alimente Su Cuerpo Con Los Nutrientes Correctos Para Dejarlo Recuperarse De Fiebres Comunes Sin Recurrir A Pastillas y Medicinas

Por

Joe Correa CSN

CONTENIDOS

Derechos de Autor

Reconocimientos

Acerca del Autor

Introducción

47 Recetas De Comidas Para Solucionar La Fiebre Común: Alimente Su Cuerpo Con Los Nutrientes Correctos Para Dejarlo Recuperarse De Fiebres Comunes Sin Recurrir A Pastillas y Medicinas

Otros Títulos de Este Autor

ACERCA DEL AUTOR

Luego de años de investigación, honestamente creo en los efectos positivos que una nutrición apropiada puede tener en el cuerpo y la mente. Mi conocimiento y experiencia me han ayudado a vivir más saludablemente a lo largo de los años y los cuales he compartido con familia y amigos. Cuanto más sepa acerca de comer y beber saludable, más pronto querrá cambiar su vida y sus hábitos alimenticios.

La nutrición es una parte clave en el proceso de estar saludable y vivir más, así que empiece ahora. El primer paso es el más importante y el más significativo.

INTRODUCCION

47 Recetas De Comidas Para Solucionar La Fiebre Común: Alimente Su Cuerpo Con Los Nutrientes Correctos Para Dejarlo Recuperarse De Fiebres Comunes Sin Recurrir A Pastillas y Medicinas

Por Joe Correa CSN

Las fiebres comunes son parte de nuestra vida. Todos las padecemos. Usualmente ocurren durante el invierno. Todos tenemos la necesidad de comer saludable. Mucho se ha dicho, escrito y discutido acerca de hacer cambios a su dieta diaria para preservar su salud y disminuir las fiebres. Hay poca duda de que el tipo de dieta a la que las personas están acostumbradas hoy en día, de la cual la comida chatarra y el azúcar son componentes mayoritarios, no son conducentes con la buena salud. He aquí que la necesidad de un cambio sea bastante entendible.

Hay una fuerte relación entre nuestra dieta occidental y la vulnerabilidad a la fiebre. Durante el siglo pasado, las prácticas de la industria de la comida han cambiado al punto de que estamos cada vez más expuestos a comidas no saludables sin nuestro conocimiento o entendimiento.

En vez de hacer cambios pequeños a su dieta en un intento de mantener su salud, es mejor que revise la forma en que cocina. En ese caso, se asegura de no comer nada que no sea sano, y es capaz de mantener una buena salud. Una de las mejores formas que puede hacer esto es siguiendo mis recetas, que lo ayudarán a bajar las fiebres comunes, basadas en comidas REALES y grasas saludables. Este libro es acerca de comer comidas orgánicas saludables, por lo tanto, no necesitará cocinarlas mucho. La fruta puede ser comida cruda, mientras los vegetales son perfectos para hacerlos al vapor, hervirlos o simplemente trozarlos con un cuchillo en pedazos del tamaño de un bocado.

Más aún, una vez que los haya lavado y pelado, son perfectos para comer como están. Sin embargo, intente hacer un poco de esfuerzo y armar una buena ensalada. Solo piénselo así: ¿qué es más llamativo, una naranja o una linda ensalada de naranja y nuez con un poco de vinagreta de limón encima? Si, aprenderemos a inclinarnos por la segunda opción también.

Deje que este libro le sirva como una guía para prevenir o combatir fiebres comunes, y mejorar su salud mediante la dieta. Las recetas que encontrará en este libro no solo lo ayudarán a combatir fiebres, sino que también le ayudarán a fortalecer su inmunidad y deshacerse de esos síntomas usuales del invierno.

¡Manténgase saludable y olvídese de las fiebres!

47 Recetas De Comidas Para Solucionar La Fiebre Común: Alimente Su Cuerpo Con Los Nutrientes Correctos Para Dejarlo Recuperarse De Fiebres Comunes Sin Recurrir A Pastillas y Medicinas

1. **Pasta Italiana**

Ingredientes:

2 tazas de pasta de trigo

1 taza de queso Cottage

1 taza de pimientos rojos, trozados

1 cucharada de queso parmesano

4 cucharadas de yogurt griego

Preparación:

Usar las instrucciones del paquete para hervir la pasta. Colar bien y dejar reposar.

Mientras tanto, combinar los pimientos rojos, queso parmesano y yogurt griego en una sartén. Dejar derretir a temperatura media y agregar el queso Cottage. Cocinar por 5 minutos, revolviendo.

Verter la salsa sobre la pasta y servir caliente.

Información nutricional por porción: Kcal: 242 Proteínas 13.4g, Carbohidratos: 31.4g, Grasas: 7.1g

2. Papa y Queso

Ingredientes:

3 batatas medianas

½ taza de queso Cottage

¼ taza de queso cheddar

¼ taza de puré de tomate orgánico

¼ taza perejil, trozado

Preparación:

Precalentar el horno a 350 grados. Lavar y pelar las papas. Cortarlas en 2 y hornear por 30 minutos. Remover del horno.

Combinar el queso Cottage y cheddar en un bowl y esparcir sobre las rodajas de papa. Dejar derretir levemente. Cubrir con puré de tomate y perejil trozado. Servir inmediatamente.

Información nutricional por porción: Kcal: 220 Proteínas 4.2g, Carbohidratos: 40.4g, Grasas: 4.7g

3. Champiñones deslizadores

Ingredientes:

1 batata

1 taza de champiñones frescos

1 taza de queso Cottage

3 claras de huevo

¾ taza de semillas de chía

¾ of a taza of arroz de grano largo

1 cucharadita de estragón

1 cucharadita de perejil

1 cucharadita de polvo de ajo

1 taza de espinaca trozada

Preparación:

Verter una taza de agua en una cacerola pequeña. Hervir y cocinar el arroz hasta que esté levemente pegajoso, unos 10 minutos. Al mismo tiempo, cocinar las semillas de chía hasta que ablanden en una cacerola separada. Cortar los champiñones finamente. Lavar muy bien la espinaca. Mezclar todos los ingredientes juntos en un bowl. Poner el bowl en el refrigerador y dejar reposar 15 a 30 minutos. Sacar la mezcla y formar hamburguesas. Cocinar cada pieza a fuego medio por 5 minutos de cada lado.

Información nutricional por porción: Kcal: 300 Proteínas 10g, Carbohidratos: 51.4g, Grasas: 6.1g

4. Guisantes a la barbacoa

Ingredientes:

2 tazas de arroz, lavado y colado

5 tazas de agua

½ taza de yogurt sin grasa

½ taza de yogurt griego

2 cucharadas de azúcar negra

1 cucharada de vinagre

1 cucharadita de mostaza

1 cucharadita de salsa Worcestershire

2 cucharadita de salsa de tomate

1 cebolla pequeña trozada

Preparación:

Precalentar el horno a 350 grados. Verter el arroz en agua y hervir. Dejar hervir por 15 minutos, o hasta que ablande. Agregar todos los ingredientes al arroz, y mezclar para combinar bien. Verter en una fuente y hornear por 45 minutos. Cubrir con yogurt griego.

Información nutricional por porción: Kcal: 110 Proteínas 4,3g, Carbohidratos: 15.6g, Grasas: 2.2g

5. Pasta de Trigo con mozzarella

Ingredientes:

1 paquete pequeño de pasta de trigo

½ taza de polvo de semillas de chía

1 lata pequeña de salsa de tomate sin azúcar

1 mozzarella pequeño

1 cucharadita de romero

aceite de oliva

sal

Preparación:

Usar las instrucciones del paquete para cocinar la pasta. Lavarla y colarla. Trozar el queso mozzarella en piezas pequeñas y mezclar con la salsa de tomate. Agregar el polvo de semillas de chía a la mezcla. Cocinar por 10 minutos, revolviendo constantemente. Agregar el romero, aceite de oliva y sal. Cocinar por otros 4-5 minutos y verter sobre la pasta.

Información nutricional por porción: Kcal: 220 Proteínas 8g, Carbohidratos: 52.3g, Grasas: 2.4g

6. Mezcla de arroz y champiñones

Ingredientes:

2 tazas de champiñones, en rebanadas

1 taza de arroz, cocido

½ taza of cebollas, trozadas

1 cucharada de apio fresco, trozado

¼ taza de vinagre de manzana

4 cucharadas de sal marina

5 cucharadas de aceite de oliva extra virgen

1/3 taza de almendras tostadas

1/3 taza de higos secos rebanados

Preparación:

En un bowl mediano, combinar las cebollas con el vinagre de manzana, y dejar reposar por 10-15 minutos. Agregar sal y dos cucharadas de aceite de oliva.

Mientras tanto, calentar el aceite de oliva en una sartén y agregar los champiñones. Cocinar por unos minutos, revolviendo constantemente. Remover del fuego cuando los champiñones hayan largado su agua. Agregar el arroz, apio, higos y almendras a la sartén. Mezclar bien. Cocinar unos minutos más.

Verter la marinada de cebolla encima y servir.

Información nutricional por porción: Kcal: 260 Proteínas 6.4g, Carbohidratos: 47.5g, Grasas: 1g

7. Semillas de chía con curry y lima fresca

Ingredientes:

3 cucharadita de aceite vegetal

2 cucharadas de jengibre, rallado fresco

2 dientes de ajo, molido

3 zanahorias, trozada

1 batata grande, trozada

1 cebolla pequeña, trozada

1 taza de semillas de chía secas

4 tazas de caldo vegetal

1 cucharadita de polvo de curry

¾ cucharadita de sal

¼ cucharadita de pimienta

gajos de lima para servir

Preparación:

Calentar el aceite en una cacerola grande a fuego medio. Agregar el jengibre, ajo, zanahorias, papa y cebollas. Saltear hasta que los vegetales ablanden. Agregar las semillas de chía, caldo y sazón, revolviendo bien y subiendo el fuego a medio/alto hasta que la mezcla hierva. Tapar, bajar el fuego a medio/bajo, y hervir a fuego lento por 15 a 20 minutos, revolviendo ocasionalmente, hasta que las semillas estén blandas y la mayoría del líquido haya sido absorbido. Servir con los gajos de lima frescos.

Información nutricional por porción: Kcal: 318 Proteínas 32.5g, Carbohidratos: 14g, Grasas: 18.4g

8. Plato colorido

Ingredientes:

1 taza de pimientos rojos trozados

4 huevos

1 cucharada de nueces de macadamia picadas

1 tomate pequeño

1 cucharada de aceite de oliva

1 cucharadita de vinagre

sal a gusto

Preparación:

Hervir los huevos por 10 minutos. Remover del agua y dejar enfriar. Pelar y cortar en cubos pequeños. Mezclar con los otros ingredientes y sazonar con aceite de oliva, vinagre y sal. Dejar en el refrigerados por 20 minutos antes de servir.

Información nutricional por porción: Kcal: 327 Proteínas 23.5g, Carbohidratos: 8.7 g, Grasas: 23.5g

9. Queso Cottage con huevos

Ingredientes:

2 tazas de queso Cottage

2 cucharadas de crema baja en grasas

3 huevos hervidos

1 taza de lechuga trozada

1 taza de pepino trozado

1 cucharadita de menta

1 cucharada de aceite de almendra

sal a gusto

Preparación:

Aplastar el huevo y mezclarlo con el queso y crema hasta que quede suave. Puede usar una mezcladora eléctrica para ello. Combinar esta mezcla con la lechuga y pepino trozados, sazonar con aceite y sal. Rociar un poco de menta encima. Servir frío.

Información nutricional por porción: Kcal: 84 Proteínas 12.6g, Carbohidratos: 3.7g, Grasas: 1.2g

10. Pan con Nuez

Ingredientes:

1 cucharada de miel

½ taza de nueces picadas

2 tazas de harina de almendra

1 cucharada de extracto de vainilla

3 huevos grandes

5 claras de huevo

½ cucharadita de sal marina

1 cucharadita de bicarbonato de sodio

2 cucharadas de aceite de coco

Preparación:

Poner la miel, huevos, claras de huevo, nueces y extracto de vainilla en una procesadora y mezclar bien por 40 segundos.

Verter la mezcla en un bowl y agregar harina, bicarbonato de sodio y sal. Mezclar bien con un tenedor o una batidora eléctrica para obtener una masa suave.

Verter el aceite de coco en una fuente de hornear. Precalentar el horno a 250 grados. Lleva unos 20 minutos para que el pan empiece a inflarse. Cuando lo haga, removerlo del horno y dejar reposar por 2 horas antes de servir.

Este pan es alto en proteínas y una muy buena alternativa a su pan regular.

Información nutricional por porción: Kcal: 155 Proteínas 9.6g, Carbohidratos: 26.2g, Grasas: 2.2g

11. Pimientos verdes y huevo

Ingredientes:

2 huevos enteros

2 claras de huevo

2 pimientos verdes pequeños, trozados

¼ cucharadita de pimienta roja

¼ cucharadita de sal marina

1 cucharada de aceite de oliva

Preparación:

Batir los huevos y claras de huevo con un tenedor. Sazonar con pimienta roja y sal marina.

Calentar el aceite de oliva a fuego medio/alto y freír los pimientos verdes por 10 minutos. Agregar los huevos, mezclar bien y cocinar por otros 3 minutos. Remover del fuego y servir.

Información nutricional por porción: Kcal: 165 Proteínas 13.4g, Carbohidratos: 2.5g, Grasas: 11.9g

12. Ensalada Griega con almendra

Ingredientes:

4 huevos, hervidos

½ taza de almendras ralladas

1 pepino grande, en cubos pequeños

1 taza de tomates cherry

1 taza de yogurt griego

1 cucharada de jugo de limón

1 cucharada de aceite de linaza

sal a gusto

Preparación:

Aplastar los huevos en un bowl grande con un tenedor. Verter el yogurt griego y mezclar bien. Agregar el pepino y tomates cherry y dejar en el refrigerador por al menos 30 minutos. Remover, agregar las almendras ralladas y sazonar con jugo de limón, aceite de linaza y sal.

Información nutricional por porción: Kcal: 460 Proteínas 15.4g, Carbohidratos: 40.2g, Grasas: 31g

13. Mezcla de limón y queso

Ingredientes:

1 taza de lechuga trozada

1 taza de queso Cottage

¼ taza de jugo de limón

1 cucharadita de ajo molido

sal a gusto

Preparación:

Combinar los ingredientes en un bowl grande. Mantener en el refrigerador por al menos 30 minutos. Puede agregar pimienta, pero es opcional.

Información nutricional por porción: Kcal: 92 Proteínas 5g, Carbohidratos: 11.1g, Grasas: 3.2g

14. Arroz con Palta

Ingredientes:

1 taza de queso gorgonzola

1 palta mediana, madura

1 ½ taza de arroz negro cocido

2 huevos

1 cucharada de miel

2 cucharadita de aceite de oliva

¼ cucharadita de pimienta roja

1 cucharada de vinagre de vino tinto

2 cucharadas de semillas de sésamo

1 taza de frijoles rojos

Preparación:

Calentar el aceite de oliva en una sartén grande a fuego medio. Agregar la miel y revolver bien hasta que derrita. Ahora agregar el queso gorgonzola y freír bien por unos minutos de cada lado. Sazonar con pimienta y remover de la sartén. Usar la misma sartén para freír los huevos por 2 minutos. Transferir a un plato y cortar en tiras.

En un bowl pequeño, combinar el arroz con el vinagre de vino rojo y frijoles rojos. Cubrir con tiras de huevo, queso gorgonzola y rodajas de palta.

Información nutricional por porción: Kcal: 330 Proteínas 6.9g, Carbohidratos: 34.7g, Grasas: 21.4g

15. Berenjenas y naranja

Ingredientes:

2 berenjenas, cortadas al medio

½ taza de caldo vegetal

2 cucharadas de perejil seco, trozado

2 cucharadas de nueces, molidas

½ taza de jugo de naranja fresco

¼ cucharadita de ralladura de naranja

2 cucharadita de harina de arroz

½ cucharadita de sal marina

¼ cucharadita de pimienta negra

2 cucharadas de aceite de oliva

1 cebolla mediana, trozada

1 taza de arroz negro, cocido

Preparación:

Combinar el perejil, nueces y ralladura de naranja en un bowl. Lavar y secar las mitades de berenjena. Rociar con la harina, sal y pimienta.

Usar una cacerola grande para calentar el aceite de oliva a temperatura media. Agregar la cebolla trozada y freír por 3-4 minutos. Revolver bien y agregar las berenjenas. Freír hasta que doren.

Agregar el caldo vegetal y jugo de naranja. Cubrir y dejar cocinar por 15 minutos a fuego muy bajo. Incorporar la mezcla de perejil y remover del fuego. Servir caliente.

Información nutricional por porción: Kcal: 430 Proteínas 14.4g, Carbohidratos: 63g, Grasas: 14.7g

16. Pizza de Espinaca

Ingredientes:

1 pre-pizza mediana

¼ taza of tomate pizza sauce

½ taza de espinaca trozada

½ cebolla pequeña, trozada

1 taza de queso Cottage

½ taza de champiñones, en rebanadas

¼ taza de ricota, descremada

2 cucharadas de queso parmesano rallado

1 cucharada de aceite de oliva

Preparación:

Precalentar el horno a 350 grados. Poner la pre-pizza en una fuente de hornear. Esparcir la salsa sobre la pre-pizza. Ahora agregar la espinaca y cebollas. Rociar con queso Cottage y champiñones, y hacer una capa final con ricota y parmesano. Rociar con aceite de oliva.

Hornear por 10 minutos, cortar y servir.

Información nutricional por porción: Kcal: 310 Proteínas 12.4g, Carbohidratos: 42g, Grasas: 10.8g

17. Pasta de brócoli y ricota

Ingredientes:

1 taza de pasta de trigo integral, sin gluten

1 taza de brócoli cocido

¼ taza de ricota descremada

1 taza de salchichas magras trozadas

2 cucharadas de queso parmesano, rallado

¼ cucharadita de sal

2 cucharadas de aceite de oliva

1 cebolla pequeña, en rebanadas

1 diente de ajo, molido

1/2 cebolla morada mediana, rebanada finamente

1 diente de ajo, en rebanadas

Pizca pequeña de copos de pimienta roja aplastados

2 cucharadas tomate paste

Preparación:

Verter 3 tazas de agua en una olla grande. Hervir y agregar el brócoli. Cocinar por 10 minutos hasta que ablande. Remover del agua y dejar enfriar. Cortar en trozos del tamaño de un bocado.

Agregar la pasta a la misma olla y cocinar de acuerdo a las instrucciones del paquete.

Mientras tanto, calentar el aceite de oliva en una sartén grande a temperatura media. Agregar las salchichas, rodajas de cebolla, ajo y pimienta roja. Cocinar por 8 minutos, revolviendo ocasionalmente. Agregar el brócoli cocido y mezclar bien hasta que ablande. Verter la salsa de tomate y cocinar por otro minuto.

Bajar el fuego al mínimo y agregar la pasta. Agregar agua si la mezcla parece seca. Verter el queso parmesano y ricota. Servir caliente.

Información nutricional por porción: Kcal: 536 Proteínas 30.6g, Carbohidratos: 74.2g, Grasas: 13.5g

18.   Tortilla de queso feta

Ingredientes:

2 tazas de col rizada trozada

3 cucharadas de aceite de oliva

1 berenjena mediana, en rebanadas

1 cebolla pequeña, pelada y rebanada

6 huevos, levemente batidos

½ taza de queso feta

¼ cucharadita de sal

Preparación:

Hervir la col por 5 minutos. Colar y remover tanto líquido como sea posible. Trozar.

Calentar el aceite de oliva en una cacerola grande. Freír la berenjena por 3 minutos, revolviendo seguido. Agregar las cebollas y freír por otros 2-3 minutos. Agregar la col y mezclar bien. Sazonar con sal. Verter los huevos batidos, mezclar con un tenedor y remover del fuego después de 1 minuto

Rociar con queso feta encima y servir caliente.

Información nutricional por porción: Kcal: 207 Proteínas 12.6g, Carbohidratos: 3.4g, Grasas: 16.4g

19. Quiche sin costra

Ingredientes:

1 cebolla pequeña, trozada

4 huevos

1 cucharada de perejil seco, trozado

¼ taza de harina de arroz

1 cucharada de manteca de almendra

2 tazas de leche descremada

½ cucharadita de sal

¼ cucharadita de pimienta

Preparación:

En un bowl grande, batir los huevos y la leche. Agregar la harina de arroz y manteca. Mezclar bien con una batidora eléctrica. Agregar los otros ingredientes y verter la mezcla en una fuente de hornear.

Precalentar el horno a 300 grados y hornear por unos 30 minutos.

Información nutricional por porción: Kcal: 250 Proteínas 6g, Carbohidratos: 4g, Grasas: 22g

20. Ensalada de Vegetales mixtos

Ingredientes:

1 tomate mediano

1 cebolla mediana

1 taza de lechuga trozada

1 taza de espinaca trozada

½ taza de rúcula trozada

1 pimiento rojo pequeño

½ taza de repollo rallado

1 taza de queso Cottage

2 cucharadas de aceite de girasol

1 cucharada de vinagre de manzana

sal a gusto

Preparación:

Esta receta es muy fácil de hacer y lleva solo 10 minutos. Todo lo que debe hacer es combinar los vegetales en un bowl grande y mezclar bien. Sazonar con aceite y vinagre. Sal a gusto.

Información nutricional por porción: Kcal: 82 Proteínas 5.3g, Carbohidratos: 17.3g, Grasas: 0.9g

21. Pan de semillas de chía

Ingredientes:

3 tazas de harina de trigo

½ taza de puré de calabaza en lata

1 taza de semillas de chía molidas

Agua caliente

Sal

½ paquete de levadura seca

Preparación:

Mezclar la harina, puré de calabaza en lata y semillas de chía con la sal y levadura. Agregar agua caliente y mezclar hasta obtener una masa suave. Dejar reposar en un lugar tibio por 30-40 minutos. Rociar con agua fría y hornear en un horno precalentado a 350 grados, por 40 minutos, hasta que tenga un lindo color dorado. Remover del horno, cubrir con servilleta de cocina y dejar enfriar.

Información nutricional por porción: Kcal: 242 Proteínas 13.4g, Carbohidratos: 31.4g, Grasas: 7.1g

22. Ensalada de manzana

Ingredientes:

1 Manzana grande

1 taza de espinaca trozada

1.5 taza de crema

1 cucharada de jugo de manzana

½ taza de tomates cherry

1 cucharadita de vinagre de manzana

Preparación:

Lavar y pelar la manzana. Cortar en rodajas finas. Usar un bowl grande para combinar la manzana con los otros ingredientes. Sazonar con vinagre de manzana y servir frío.

Información nutricional por porción: Kcal: 242 Proteínas 2.2g, Carbohidratos: 15.3g, Grasas: 21g

23. Omelette de queso Stilton azul

Ingredientes:

½ taza de puré de ciruelas

1 taza de hojas de espinaca bebe, trozadas

1 cucharada de polvo de cebolla

¼ cucharadita de pimienta roja molida

¼ cucharadita de sal marina

½ taza de queso Stilton azul

1 cucharada de aceite de linaza

Leche, opcional

Preparación:

Combinar el puré de ciruelas con las hojas de espinaca bebé y queso. Batir bien con un tenedor. Sazonar con polvo de cebolla, pimienta roja y sal marina.

Si su mezcla es demasiado densa, puede agregar un poco de leche.

Calentar el aceite de oliva a temperatura media en una sartén. Agregar la mezcla de queso y freír por 2-3 minutos.

Esparcir esta mezcla en una fuente de hornear y cocinar por otros 15-20 minutos a 200 grados.

Información nutricional por porción: Kcal: 120 Proteínas 9.5g, Carbohidratos: 6g, Grasas: 9g

24. Rollos laterales

Ingredientes:

1 taza harina de arroz

3 tazas harina de trigo

¼ taza manteca derretida

1 ½ tazas agua caliente (176 °F)

1 cucharada de sal

2 cucharadas de azúcar

2 cucharadas de aceite de oliva

1 cucharada de levadura seca activa

Preparación:

Poner un poco de aceite a una cacerola o bowl apto para horno y dejar a un lado. En otro bowl, mezclar la harina de arroz, agua, levadura, sal, azúcar y aceite, y mezclar bien.

Agregar la harina de trigo a la mezcla, ½ taza por vez, hasta que la masa esté elástica y lo suficientemente blanda para amasar. Rociar una superficie con harina y amasar la masa. Cubrir y dejar a temperatura ambiente para que leve.

Cuando esté lista, golpear la masa y hacer rollos pequeños con ella, agregando un poco de harina a ellos. Poner estos rollos en la cacerola que preparó con anticipación, y poner en el horno precalentado (375°F). Hornear por 15 minutos, cepillar con manteca derretida los rollos y dejarlos hornear por otros 5 minutos. Esta receta rendirá aproximadamente 15 porciones.

Información nutricional por porción: Kcal: 339 Proteínas 25g, Carbohidratos: 28.4g, Grasas: 7.1g

25. Pastel de zanahoria

Ingredientes:

1 ½ tazas de harina de tapioca

2 tazas de harina de arroz

2 cucharaditas de vainilla

3 huevos

2 tazas de azúcar

1 ½ tazas de aceite vegetal

2 tazas zanahoria cruda rallada

½ cucharadita sal

1 cucharadita levadura seca activa

3 cucharaditas de canela

1 taza de nueces trozadas

1 taza ananá aplastado y drenado

Preparación:

Poner la harina de tapioca en un bowl grande. Agregar la vainilla, huevos, azúcar y aceite, mezclando bien. Agregar las zanahorias, ananá y nueces a la mezcla y unirlos bien.

Combinar la levadura, canela, sal y harina de arroz en un bowl diferente, mezclando bien. A continuación, mezclar todos los ingredientes secos y húmedos.

Precalentar el horno a 350 grados. Rociar una fuente de hornear con harina. Esparcir la masa en la fuente y poner en el horno. Hornear por 45 minutos. Enfriar el pastel antes de agregar el glaseado de su elección.

Información nutricional por porción: Kcal: 326 Proteínas 3.4g, Carbohidratos: 42.4g, Grasas: 17.1g

26. Galletas de pimienta

Ingredientes:

1 cucharadita de sal

1 cucharada de azúcar

1 ½ taza de harina de tapioca

1 cucharadita de levadura seca activa

1 taza de leche

1 taza de harina de trigo

Preparación:

Usar una batidora para mezclar los ingredientes. Una vez listo, amasar la mezcla hasta dejarla de media pulgada de espesor. Cortar la masa por la mitad y poner una mitad sobre la otra. Amasar de nuevo, repitiendo el proceso 8 veces.

Usar una cortadora de galleta para cortar los bizcochos y ponerlos en una fuente sin engrasar. Cepillar los moldes de galleta con aceite y dejar reposar por 30 minutos. Para cocinar rápido, precalentar el horno a 450 grados y hornear por 12 minutos. O puede hornear por 30 minutos a 375 grados. Esta receta le permite hacer 8 galletas por vez.

Información nutricional por porción: Kcal: 115 Proteínas 20g, Carbohidratos: 2g, Grasas: 4g

27. Chips de coles de Bruselas

Ingredientes:

1 libra de coles de Bruselas (limpiadas y lavadas)

3 cucharaditas de miel

1 cucharadita de salsa de tomate

2 cucharadas de ghi (puede usar manteca de almendra)

½ cucharadita de pasta de chile (dulce)

½ cucharadita de jugo de limón

¼ cucharadita de aceite de sésamo

1 cucharadita de semillas de sésamo

sal a gusto

Pimienta a gusto

Preparación:

Precalentar el horno a 350 grados. Poner papel de hornear en dos fuentes y dejar a un lado. Cortar las coles de Bruselas y sacar todas las hojas hasta llegar al corazón. Dejar el corazón a un lado. Combinar en un bowl la miel, pasta de chile, salsa de tomate, aceite de sésamo, jugo de limón y semillas de sésamo con la ayuda de una batidora para mezclar bien, y dejar a un lado.

Poner las hojas de la col en un bowl grande y cubrirlas con ghi, sal y pimienta hasta que estén bien cubiertas. Poner las hojas en las fuentes de hornear, separándolas igualmente. Poner en el horno y dejar hornear por 8 a 10 minutos hasta que empiecen a crujir. Dejar enfriar antes de servir.

Información nutricional por porción: Kcal: 160 Proteínas 7.6g, Carbohidratos: 12.3g, Grasas: 4g

28. Champiñones rellenos

Ingredientes:

16 champiñones grandes, limpios, sin ramas

Ramas de champiñones trozadas finamente

2 dientes de ajo, trozado finamente

3 cucharadas de aceite de oliva

2 chalotes, enteros, trozados finamente

1 pimentón dulce

sal a gusto

Pimienta a gusto

Preparación:

Precalentar el horno a 350 grados. Poner papel de hornear en dos fuentes y dejar a un lado. Tomar una cacerola grande y calentar aceite de oliva a temperatura media.

Agregar los chalotes y saltearlos por 2 a 3 minutos o hasta que empiecen a tornarse transparentes. Agregar el ajo y ramas de champiñones, y saltear por 4 a 5 minutos. Sazonar con sal, pimienta y pimentón dulce, y dejar a un lado.

Tomar los champiñones y cepillarlos con aceite de oliva. Darlos vuelta para hacerlos un bowl y rellenarlos con la mezcla de ajo. Ponerlos en las fuentes de hornear.

Poner en el horno gentilmente para que los champiñones no se den vuelta. Hornear por 10 a 15 minutos. Dejar enfriar un poco antes de servir.

Información nutricional por porción: Kcal: 282 Proteínas 11.7g, Carbohidratos: 26.4g, Grasas: 14.7g

29. Acompañamiento de coco y Curry

Ingredientes:

2 tazas de puré de calabaza

1 taza de caldo vegetal

1 taza de leche de coco

½ cucharadas de polvo de curry

¼ cucharadita de cúrcuma molida

2 cucharadita de condimento

Sal y pimienta a gusto

1 cucharadita de ajo molido

½ cebolla, en rebanadas

3 zanahorias, en rebanadas

1 batata mediana, pelada y rebanada

Preparación:

Agregar la batata rebanada, leche de coco, puré, caldo, curry, sazón e ingredientes en una olla mediana y mezclar bien. Cocinar por 30 minutos a fuego bajo. Servir con arroz o fideos libres de gluten.

Información nutricional por porción: Kcal: 401 Proteínas 3.4g, Carbohidratos: 32.5g, Grasas: 28.7g

30. Huevos y Prosciutto horneados en Champiñones Portobello

Ingredientes:

6 tapas de champiñones (Portobello, limpios, sin ramas)

6 tiras de Prosciutto

6 huevos

1 cucharadita de Perejil fresco, trozado

3 cucharadas de aceite de oliva

Sal y pimienta a gusto

Preparación:

Las tapas de champiñones deberían ser limpiadas y cortadas en forma de bowls pequeños. Ponerles un poco de aceite de oliva por fuera para cocinarlas más fácilmente, y para que no se peguen a la fuente de hornear.

Poner papel de hornear en una fuente antes de poner las tapas de champiñones en ellas. Tomar una tira de prosciutto y ponerla dentro de cada champiñón. Asegúrese de que entren bien.

Una vez que esté listo, dejarlos a un lado. Romper un huevo en un bowl pequeño, y cuidadosamente verterlo en los champiñones.

Una vez que esté listo, sazonar con sal, perejil y pimienta. Tenga cuidado con la sal porque el prosciutto es bastante salado y podría quedar muy salado.

Una vez que tenga todo sazonado, poner la fuente en el horno. Hornear por 30 minutos o hasta que el champiñón y huevo estén cocidos a su gusto. Dejar enfriar un poco antes de sacarlos del horno.

Información nutricional por porción: Kcal: 126 Proteínas 12.6g, Carbohidratos: 1.2g, Grasas: 8.1g

31. Mezcla de súper comidas

Ingredientes:

2 tazas de almendras

1 taza de semillas de calabaza

1 taza de semillas de girasol

1 taza de copos de coco

¼ taza de semillas de chía

1 cucharada de vainilla, molida

1 ½ cucharada de ralladura de naranja

½ taza de jarabe de arce

¼ taza de aceite de oliva

¼ taza de manteca de manzana

1 taza de damascos, secos y trozados

Preparación:

Precalentar el horno a 270 grados. Poner las almendras en una procesadora hasta que se hayan trozado un poco. Ponerlas en un bowl grande junto a las semillas de calabaza, semillas de girasol, semillas de chía, copos de coco, ralladura de naranja, jarabe de arce, aceite de oliva y manteca de manzana.

Revolver hasta que la mezcla esté combinada en una masa pegajosa. Poner papel de hornear en dos fuentes, y verter la mezcla en ellas. Aplastar un poco.

Hornear por 30 minutos o hasta que dore. Asegúrese de chequear cada 10 minutos y mover un poco para evitar que se pegue. Remover, agregar los damascos, y dejar que la granola enfríe.

Información nutricional por porción: Kcal: 172 Proteínas 7g, Carbohidratos: 8.5g, Grasas: 14 g

32. Escapada de verduras

Ingredientes:

1 tomate

Un puñado de espinaca

1 taza de agua

1 cucharada de miel cruda

Una pizca de sal marina

1 pepino bebé

Media papaya

Preparación:

Pelar la papaya y deshacerse del tendón. Cortar en finas rodajas. Cortar el pepino en rodajas. En una procesadora, agregar el pepino, papaya, espinaca, miel, salsa de tomate y sal a gusto. Mezclar por 5 minutos y servir fresco.

Información nutricional por porción: Kcal: 280 Proteínas 1.1g, Carbohidratos: 8.4g, Grasas: 28g

33. Champiñones y Tomate con Salsa de Cebolla

Ingredientes:

1 libra champiñones

½ taza de agua

8 cebollas, trozadas

4 tomates, trozados

3 chiles rojos, trozados

1 cucharadita de jengibre

2 chiles verdes, trozados

1 cucharadita ajo

2 cucharadas de aceite de oliva

Perejil fresco

Sal y pimienta a gusto

Preparación:

En una sartén antiadherente, calentar el aceite de oliva. Agregar la cebolla y freír por 3 minutos o hasta que esté marrón. Agregar los champiñones y cocinar por otros 5 minutos. Agregar los chiles y las especias. Sazonar con sal y pimienta. Cocinar revolviendo por 4 minutos más y rociar con perejil.

Servir caliente.

Información nutricional por porción: Kcal: 100 Proteínas 3.6g, Carbohidratos: 24g, Grasas: 1.2g

34. Calabaza con Verduras

Ingredientes:

1 calabaza moscada pelada y cortada

4 zanahorias

1 calabaza, pelada y cortada

4 cebollas, trozadas

2 cucharadas de pasta de jengibre y ajo

1 cucharadita de pasta de comino

Cilantro fresco, trozado

6 tazas de caldo vegetal

1 cucharadita de pimienta

2 chiles verdes, trozados

2 cucharadas de aceite de oliva

1 cucharadita de sal marina

Preparación:

Cortar todos los vegetales en tamaños similares para que se vean bien, y para que se cocinen igualmente. En una olla de cocción lenta, agregar el aceite y los vegetales. Verter los chiles, pastas y sazonar con sal y pimienta. Agregar el caldo y revolver bien. Cubrir y cocinar a fuego lento por 3 horas. Servir caliente.

Información nutricional por porción: Kcal: 103 Proteínas 4.3g, Carbohidratos: 12g, Grasas: 6.3g

35. Pasta con tomate y champiñones, libre de gluten

Ingredientes:

1 taza de fideos de calabacín

2 cucharadas de aceite de oliva

1 taza de champiñones, trozados

4 cebollas, en cubos

4 tomates, trozados

Sal a gusto

Perejil fresco

Preparación:

Cocinar los fideos de calabacín en agua caliente por unos 5-6 minutos. Una vez listos, colar y dejar a un lado. En una cacerola, calentar el aceite y dorar las cebollas. Añadir los champiñones y cocinar por 5 minutos. Agregar los tomates y freírlos por 3 minutos. Sazonar con sal y revolver. Servir poniendo la mezcla de tomates y champiñones sobre el calabacín hervido.

Adornar con perejil fresco.

Información nutricional por porción: Kcal: 145 Proteínas 4.2g, Carbohidratos: 31.4g, Grasas: 11.2g

36. Coles de Bruselas en Salsa de Coco

Ingredientes:

1 libra de coles de Bruselas

Cilantro fresco

2 taza de leche de coco

4 cebollas, trozadas

1 cucharada de aceite de oliva

Sal y pimienta a gusto

½ taza de pasta de anacardo

Preparación:

En una sartén, calentar el aceite de oliva y poner las cebollas. Freír por un minuto y agregar las coles de Bruselas. Cocinar revolviendo por 5 minutos, y luego añadir la pasta de anacardo. Cocinar otros 2 minutos y agregar la leche de coco. Sazonar con sal y pimienta. Verificar la consistencia de la salsa y luego reducir el fuego. Si quiere hacerla más cremosa, agregar más pasta de anacardo.

Servir con cilantro encima.

Información nutricional por porción: Kcal: 762 Proteínas 19.3g, Carbohidratos: 94.5g, Grasas: 35.9g

37. Donas de Calabaza Glaseadas

Ingredientes:

Donas:

2 tazas harina de almendra

1 ½ cucharadita de polvo de hornear

¼ taza de leche

1 ½ cucharadita de especia de pastel de calabaza

½ cucharadita de sal

¼ cucharadita de bicarbonato de sodio

1 taza de puré de calabaza

4 cucharadas de néctar de agave

2 huevos enteros

¼ taza de manteca, ablandada

Glaseado:

2 cucharadas de agua

¼ taza manteca de almendra, derretido

½ taza de sucanat

1 cucharadita extracto de vainilla

Preparación:

Precalentar el horno a 325 grados. En una fuente de hornear, poner papel manteca y dejar a un lado. Tomar un bowl grande y combinar la harina con el néctar de agave. Gradualmente agregar el bicarbonato de sodio, el polvo para hornear, la especia de pastel de calabaza y sal. Mezclar bien y luego verter la leche en el medio. Romper los huevos en la mezcla y mezclar bien usando una batidora manual. Agregar la manteca ablandada seguida del puré de calabaza. Mezclar con una batidora eléctrica hasta que se forme una masa pegajosa. Transferir la masa a una superficie plana y esparcirla. Cortar en donas usando un cortador de donas. Ponerlas en el papel manteca y dejar leudar por 10 minutos. Llevar al horno y hornear por 10 minutos. Mientras tanto, preparar el glaseado. En un bowl mezclar el sucanat con el extracto de vainilla. Agregar manteca derretida y un poco de agua. Mezclar con batidora hasta que la mezcla quede bien suave.

Remover las donas del horno y hundirlas en el glaseado.

Información nutricional por porción: Kcal: 361 Proteínas 4.2g, Carbohidratos: 39.5g, Grasas: 22g

38. Puré de Zanahoria

Ingredientes:

3 taza de leche de coco

2 cucharadas de harina de coco

1 cucharadita de canela

4 zanahorias, en rebanadas

2 cucharadas de manteca de almendra

6 cucharadas de miel cruda

Preparación:

Derretir la manteca en una sartén antiadherente y agregar las zanahorias. Cocinar revolviendo por 5 minutos y agregar la canela. Luego verter la leche y revolver constantemente por 20 minutos. Añadir la harina y miel. Probar el sabor y consistencia, y cuando sea de su agrado, retirar del fuego. Servir frío.

Información nutricional por porción: Kcal: 125 Proteínas 1.9g, Carbohidratos: 18.7g, Grasas: 5.8g

39. Facturas de manzana

Ingredientes:

1 cucharada leche de almendra

17-onzas hojas de pasta de hojaldre sin gluten, descongeladas

2 cucharadas de jugo de limón

2 cucharadas de manteca

4 manzanas

4 tazas de agua

1 taza de azúcar

1 cucharada de agua

1 cucharadita de canela molida

1 taza de azúcar negra

1 cucharadita de extracto de vainilla

Preparación:

Empezar precalentando el horno a 400 grados. En un bowl grande, dejar el limón en 4 tazas de agua y dejar a un lado. Pelar las manzanas y remover el centro. Cortarlas en rebanadas finas y agregarlas al agua. Colar bien y secar. En una sartén antiadherente, derretir la manteca. Agregar las rodajas de manzana y cocinar por 2-3 minutos, moviendo. En una superficie plana, desdoblar la pasta de hojaldre. Cortar en 4 cuadrados. Rellenar el medio de cada uno con la mezcla de manzana. Tomar cada punta del cuadrado y llevar al medio, creando un triángulo. Llevar a una fuente de hornear. Hornear por 25 minutos.

Mientras tanto, preparar el glaseado mezclando la leche con la vainilla. Agregar azúcar.

Tomar las facturas de manzana del horno y cepillarlas encima con el glaseado.

Servir frío o caliente.

Información nutricional por porción: Kcal: 286 Proteínas 3.1g, Carbohidratos: 35.8g, Grasas: 14.8g

40. Fainá de Almendra y Huevo

Ingredientes:

1 taza de harina de almendra

4 cebollas, trozadas

2 huevos orgánicos

2 chiles rojos, trozados

1 cucharadita de pimienta

Menta fresca

2 chiles verdes, trozados

1 cucharadita de comino

Sal a gusto

Preparación:

Precalentar el horno a 350 grados. En un bowl grande, verter la harina de almendra, cebollas y choles rojos. Batir los huevos y mezclar hasta que esté suave. Rociar comino, pimienta y sal. Revolver bien. Poner en una fuente de hornear previamente engrasada y hornear por 10 minutos. Servir caliente.

Información nutricional por porción: Kcal: 150 Proteínas 2g, Carbohidratos: 20g, Grasas: 9g

41. Arroz con cúrcuma

Ingredientes:

1 ½ tazas Arroz de grano largo

2 tazas de caldo vegetal (a elección)

1 cucharadita de polvo de cúrcuma

1 cebolla amarilla en cubos

1 cucharada aceite de coco extra virgen

1 pulgada jengibre fresco en cubos

2 dientes de ajo molidos

½ cucharadita semillas de comino

Preparación:

Verter el aceite en una sartén y poner el fuego alto. Agregar la cebolla y saltear hasta que esté completamente transparente. Luego, añadir el ajo y jengibre. Continuar salteando por 4 minutos más.

Combinar el arroz en la mezcla. Verter las semillas de comino y dejar freír por 5 minutos.

Rociar con cúrcuma encima. Revolver para que el color y sabor de la cúrcuma se distribuya equitativamente.

En una olla, verter el caldo que haya elegido. Agregar la mezcla de arroz y hervir. Poner el fuego al mínimo y dejar cocinar por 15 minutos. Asegúrese de que el caldo se haya absorbido completamente. También, el arroz debería haberse ablandado antes de removerlo del fuego.

Puede agregar más caldo si nota que le falta cocción.

Información nutricional por porción: Kcal: 145 Proteínas 2.7g, Carbohidratos: 28.3g, Grasas: 2.1g

42. Cuscús de Arroz Vegetariano

Ingredientes:

1 taza de arroz negro, cocido

2 zanahorias grandes

½ cucharadita de romero seco

10 aceitunas verdes, sin carozo

1 cucharada de jugo de limón

1 cucharada de jugo de naranja

1 cucharada de ralladura de naranja

4 cucharadas de aceite de oliva

½ cucharadita de sal

Preparación:

Lavar y pelar las zanahorias. Cortarlas en rodajas finas. Calentar dos cucharadas de aceite de oliva en una cacerola grande a fuego medio. Agregar las zanahorias y cocinar, revolviendo constantemente. Deberían estar blandas luego de 10-15 minutos. Agregar el romero, aceitunas y jugo de naranja. Mezclar bien. Continuar cocinando y revolviendo ocasionalmente.

Combinar el jugo de limón con 1 taza de agua. Agregar esta mezcla a una cacerola y mezclar con dos cucharadas de aceite de oliva, ralladura de naranja y sal. Dejar hervir y añadir el arroz. Remover del fuego y dejar reposar unos 15 minutos.

Verter las dos mezclas en un bowl grande y mezclar bien con una cuchara.

Información nutricional por porción: Kcal:220 Proteínas 6.6g, Carbohidratos: 40.4g, Grasas: 4.3g

43. Palta Asada en salsa de curry

Ingredientes:

1 palta grande, trozada

¼ taza de agua

1 cucharada de pimentón rojo molido

2 cucharadas de aceite de oliva

1 cucharadita de salsa de tomate

1 cucharadita de perejil picado

¼ cucharadita de pimienta roja

¼ cucharadita de sal marina

Preparación:

Calentar aceite de oliva en una cacerola grande, a temperatura media. En un bowl pequeño, combinar el curry molido, salsa de tomate, perejil trozado, pimienta roja y sal. Agregar agua para cocinar unos 5 minutos, a temperatura media. Agregar la palta trozada, revolver bien y cocinar por otros 5 minutos, hasta que el líquido se haya evaporado. Apagar el fuego y cubrir. Dejar reposar por 15-20 minutos antes de servir.

Información nutricional por porción: Kcal: 229 Proteínas 4.9g, Carbohidratos: 13.3g, Grasas: 20g

44. Vegetales Fritos con Queso Cottage

Ingredientes:

½ taza de queso Cottage

1 cebolla pequeña

1 zanahoria pequeña

1 tomate pequeño

2 pimientos rojos medianos

sal a gusto

1 cucharada de aceite de oliva

Preparación:

Lavar y secar los vegetales usando papel de cocina. Cortar en rodajas o tiras finas. Calentar el aceite de oliva a temperatura media y freír los vegetales unos 10 minutos, revolviendo constantemente. Agregar sal y mezclar bien. Una vez que los vegetales estén blandos, agregar el queso Cottage blando. Revolver. Freír por otros 2-3 minutos. Remover del fuego y servir.

Información nutricional por porción: Kcal: 130 Proteínas 8.4g, Carbohidratos: 9.1g, Grasas: 7.1g

45. Puerro Cremoso

Ingredientes:

2 tazas de puerros cortados

1 taza de crema baja en grasas

½ taza de queso Cottage

aceite de oliva

hojas de tomillo para decorar

sal y pimienta roja a gusto

Preparación:

Cortar los puerros en piezas pequeñas y lavar en agua fría un día antes de servir. Dejar por la noche en una bolsa plástica.

Calentar el aceite en una cacerola grande a fuego medio. Agregar el queso Cottage y la crema y freír por 15 minutos. Añadir los puerros, mezclar bien y freír otros 10 minutos a fuego bajo. Remover de la cacerola y dejar enfriar. Decorar con hojas de tomillo. Agregar sal y pimienta a gusto.

Información nutricional por porción: Kcal: 151 Proteínas 7.4g, Carbohidratos: 10.2g, Grasas: 9.7g

46. Cazuela de Berenjena

Ingredientes:

2 berenjenas grandes

1 taza de queso gorgonzola, derretido

1 cebolla mediana

2 cucharadas de aceite

¼ cucharadita de pimienta

2 tomates pequeños

1 cucharada de perejil seco

½ taza de queso Cottage

3 cucharadas de migas de trigo

1 taza de leche

½ taza de crema

Preparación:

Engrasar una fuente de hornear con aceite. Precalentar el horno a 350 grados. Pelar las berenjenas y cortarlas a lo largo en rebanadas finas. Ponerlas en la fuente de hornear en capas. Pelar y cortar la cebolla y tomates en rodajas finas. Hacer otra capa en la fuente de hornear. Esparcir el queso gorgonzola derretido encima.

Combinar las migas de trigo con leche, queso Cottage, crema, perejil y pimienta en un bowl grande. Batir bien hasta obtener una mezcla homogénea. Verter la mezcla sobre la fuente y hornear por unos 20 minutos.

Cortar en 6 piezas iguales y servir.

Información nutricional por porción: Kcal: 200 Proteínas 4g, Carbohidratos: 15.5g, Grasas: 14.8g

47. Burritos Vegetarianos

Ingredientes:

1 taza de arroz, cocido

1 batata, cocido y cortado en cubos pequeños

1 taza de queso Cottage

½ taza de cebollas en trozos

1 cucharadita de pimienta roja molida

1 cucharadita de polvo de chile

6 de tortillas de trigo integral, sin gluten

Preparación:

Combinar los cubos de batata con la pimienta roja molida, polvo de chile y cebolla en una sartén. Cocinar revolviendo por 15 minutos a fuego bajo. Remover del calor.

Mezclar el queso Cottage con el arroz cocido en una procesadora. Mezclar bien por unos 30 segundos. Agregar esta mezcla a la batata. Dividir en 6 piezas iguales y esparcir sobre las tortillas. Enrollar y servir.

Información nutricional por porción: Kcal: 461 Proteínas 24.1g, Carbohidratos: 130g, Grasas: 19.1g

OTROS TITULOS DE ESTE AUTOR

70 Recetas De Comidas Efectivas Para Prevenir Y Resolver Sus Problemas De Sobrepeso: Queme Calorías Rápido Usando Dietas Apropiadas y Nutrición Inteligente

Por

Joe Correa CSN

48 Recetas De Comidas Para Eliminar El Acné: ¡El Camino Rápido y Natural Para Reparar Sus Problemas de Acné En 10 Días O Menos!

Por

Joe Correa CSN

41 Recetas De Comidas Para Prevenir el Alzheimer: ¡Reduzca El Riesgo de Contraer La Enfermedad de Alzheimer De Forma Natural!

Por

Joe Correa CSN

70 Recetas De Comidas Efectivas Para El Cáncer De Mama: Prevenga Y Combata El Cáncer De Mama Con una Nutrición Inteligente y Alimentos Poderosos

Por

Joe Correa CSN

www.ingramcontent.com/pod-product-compliance
Lightning Source LLC
Chambersburg PA
CBHW070156080526
44586CB00015B/2019